o papagaio
que falava latim

o papagaio que falava latim

Tieloy

Copyright © 1996 *by*
FEDERAÇÃO ESPÍRITA BRASILEIRA – FEB

1ª edição – 3ª impressão – 3 mil exemplares – 5/2013

ISBN 978-85-7328-426-3

Todos os direitos reservados. Nenhuma parte desta publicação pode ser reproduzida, armazenada ou transmitida, total ou parcialmente, por quaisquer métodos ou processos, sem autorização do detentor do *copyright*.

FEDERAÇÃO ESPÍRITA BRASILEIRA – FEB
Av. L 2 Norte – Q. 603 -- Conjunto F (SGAN)
70830-030 – Brasília (DF) – Brasil
www.feblivraria.com.br
editorial@febnet.org.br
+55 61 2101 6198

Pedidos de livros à FEB – Departamento Editorial
Tel.: (21) 2187 8282 / Fax: (21) 2187 8298

Texto revisado conforme o Novo Acordo Ortográfico

Dados Internacionais de Catalogação na Publicação (CIP)
(Federação Espírita Brasileira – Biblioteca de Obras Raras)

T562p   Tieloy, 1935–

O papagaio que falava latim / Tieloy; [Ilustrações: Andrea Hecksher]. 1. ed. 3. imp. – Brasília: FEB, 2013.

63 p.; il. color.; 21 cm – (Coleção Tieloy conta uma história; v. 3)

ISBN 978-85-7328-426-3

1. Literatura infantil espírita. I. Hecksher, Andrea. II. Federação Espírita Brasileira. III. Título. IV. Coleção.

CDD 028.5
CDU 087.5
CDE 81.00.00

Essa historinha é dedicada à Tia Martha porque, certa vez, uma grande evangelizadora me disse ter aprendido a evangelizar com ela. Eu acredito no valor dessa afirmação.

É preciso evangelizar as crianças para que elas se tornem pessoas de bem. Um dia, nós seremos os seus filhos e, por elas, seremos evangelizados; ou não....

Tieloy

Era uma vez um Papagaio

A mata estava agitada. Os animais corriam de um lado pro outro e comentavam a grande novidade.

— Mas é verdade mesmo, Senhor Gambá? — perguntou o quati.

— Como é que eu vou saber? — respondeu o gambá — Dona Seriema é que veio com a notícia. Eu mesmo ainda não vi nada!

— A Dona Seriema?

— É! Ela mesma! Pelo menos é o que diz o Senhor Mutum.

— Eu vou falar com a Dona Seriema — declarou o quati.

— Não vai dar pra falar com ela porque acabou de seguir para o Jatobá. Foi levar a notícia ao rei Gato-do-Mato.

— É mesmo? — admirou-se o quati.

Nisso, uma voz vinda do alto de uma sapucaia comentou:

— Não sei pra que tanto assanhamento, tanto falatório! — era o Senhor Bugio, mal-humorado como sempre.

— Ora, Senhor Bugio, — justificou o gambá — não é todo dia que isso acontece.

— Mas acontece o quê? — quis saber o bugio.

— E o senhor não sabe? — perguntou o quati.

— Se soubesse não perguntava, seu bobão! — respondeu o bugio com maus modos — Nesta mata ninguém me diz nada; vivem todos de nariz empinado!

— A culpa é sua — acusou o gambá. — Quem manda ter maus bofes? Agora, por exemplo, estamos falando com toda a educação e o senhor parece até que chupou limão bravo!

— Está certo! — admitiu o bugio — É que ando um tanto nervoso. Desculpe-me! Mas, afinal de contas, qual a novidade?

— *Papagaius palratum latinus!* — comentou uma voz lá do meio das folhas de um pé de angico.

— Quem disse isso? — perguntou o bugio.

— Não fui eu! — defendeu-se o quati — A voz veio dali do angico.

O bugio desceu rápido da sapucaia e perguntou irritado:

— Quem está aí escondido?

— *Escondido de escondidorum!* — gritou a voz desconhecida.

— Apareça!! — berrou o bugio — Apareça! Não gosto desse tipo de brincadeira!!

— *Brincadeira de brincadorum!*

O bugio irritou-se ainda mais.

— Eu vou aí te pegar, seu palhaço!!

E o bugio encaminhou-se para o pé de angico, mas todos viram, admirados, um papagaio levantar voo e vir pousar num galho baixo de uma aroeira.

Após se recompor do voo, o papagaio declarou com sua voz de cana rachada:

— *Palhaço de palhaçorum Papagaius! Palratum latinus! Latinus de latinorum*!

— Essa é boa! — exclamou o gambá — Aí está a novidade, Senhor Bugio! Apareceu hoje de manhã lá no bosque da Dona Siriema! É um papagaio que fala latim! E parece que o nome dele é Palratum Latinus!

— Bobagem! — comentou o bugio com ar de pouco caso.

— *Bobagem de bobajorum*! — admitiu o papagaio.

— Viram? — reforçou o bugio — Até ele mesmo admite!

— Que é isso, Senhor Bugio? — advertiu o quati — Que falta de respeito! Não vê que ele é um intelectual? Olhe que falar latim deve ser muito difícil!

— Eu acho até que devíamos levá-los para ver o Rei — observou o gambá.

— É! — concordou o quati — Tenho certeza de que o Rei ficará encantado.

— Vão vocês! — negou-se o bugio — Eu detesto intelectuais.

— *Papagaius palratum latinus!* — arrematou o papagaio.

— Certo, meu amigo — falou o quati. — Mas agora vamos para o Jatobá; vamos falar com o Rei!

— *Regis regnatum urbe et orbi!* — comentou o papagaio e, levantando voo, veio pousar nas costas do quati. Depois estufou o peito, esticou o pescoço e declarou:

— *Alea jacta est! Rubiconis travessatum per Fedorentus Odorato et Sicarius Mascarato*!!

— Essa agora! — espantou-se o quati — O que é que ele está falando?

— E eu sei? — declarou o gambá — Eu não falo latim!

— Então vamos embora! O Rei que se entenda com esse papagaio que fala latim. Eu nunca vi igual!

E lá se foram os três. O bugio ainda pensou em acompanhá-los só por farra, mas acabou desistindo da ideia, subindo novamente no pé de sapucaia.

Enquanto caminhavam pela mata, o quati e o gambá tentavam conversar com o papagaio, mas este se limitava a repetir tudo em latim, de modo que era impossível entender qualquer coisa.

— Esse papagaio já está me enchendo! — desabafou finalmente o quati — Fica repetindo tudo o que se diz! É pior que chato com dor de dente!

— *Chatus dentorum doloridus! Ai! Ai! Ui! Ui! Adjutorum! Adjutorum! Papagaius morituri! Delenda Cartago! Tempus fugit! Carpe diem! Carpe diem!! Per Baco*!!

— Que foi agora? — perguntou o gambá.

— Sei lá! Eu não entendo latim! Quer saber de uma coisa? Estou é perdendo a paciência! Assim nunca chegaremos até o Rei!

— *Regis regnatum urbe et orbi*!

E o papagaio ficava com os olhinhos muito vermelhos e balançava a cabeça para um lado e para o outro reafirmando:

— *Regis Imperator Mundi!! Regis Imperator Mundi!!*

— Quer saber de outra coisa? Deixa pra lá! — recomendou o gambá — Vamos andando sem fazer mais perguntas.

E os três seguiram pela mata em direção à clareira onde estava o grande pé de jatobá; era ali que o rei Gato-do-Mato tinha o seu trono de pedra.

Lá no Jatobá, Dona Garça conversava com Dona Saracura.

— Espero que Sua Majestade não demore muitos dias para voltar.

— Eu também espero — concordou a saracura. — É muita responsabilidade em cima de nós duas! E o que é pior: parece que todos escolheram justamente agora para trazer problemas! Francamente! Eu não sei como vamos fazer!

— Se Dom Tatu estivesse aqui pra ajudar seria mais fácil. — lembrou a garça.

— Ou Dona Coruja! — emendou a saracura.

— É — concordou a garça —, mas o Rei precisa deles em sua comitiva. A visita às fronteiras do Reino é muito importante e o Rei tem necessidade de bons conselheiros junto dele.

— Tá certo! — admitiu a saracura — Por isso nós só podemos contar com Dona Cobra, o Senhor Macaco e o Senhor Cateto para resolver tudo.

— Você esqueceu do Senhor Jabuti — lembrou a garça.

— Eu não esqueci — afirmou a saracura com certo desânimo. — Ele é que não aparece!

— Mas foi avisado para vir o mais rápido possível — informou a garça.

— Eu sei. Só que isso foi há quatro dias!

— Coitado! — comentou a garça — Ele é um pouco lerdo, eu concordo, mas não se esqueça de que é também um bom amigo nosso.

— Um pouco lerdo? — admirou-se a saracura — Bota lerdo aí!

Nisso, a araponga se aproximou.

— Está aí Dona Seriema. Diz que traz uma notícia de grande importância para o Reino.

— Mande que ela se aproxime — ordenou a garça.

A seriema se aproximou toda altiva, com ar de quem vem em missão muito nobre.

— Qual é a novidade, Dona Seriema? — perguntou a garça — A senhora está bem longe de seu bosque.

— É verdade — admitiu a seriema. — Mas tive que vir porque aconteceu uma coisa muito importante e é justo que todos tomem conhecimento. Creio ser um acontecimento que pode trazer grande progresso ao nosso Reino, uma vez que considero o saber e a cultura algo de muito valor. Devemos honrar a quem detém o conhecimento...

— Fale logo, Dona Seriema! — interrompeu a saracura — Pare com tantos rodeios. Não percebe que estamos curiosas?

— É o papagaio, Dona Saracura!

— Qual papagaio? — perguntou a garça.

— Um que fala latim! — informou a seriema — Imaginem vocês! Um papagaio que fala latim! Um verdadeiro fenômeno! Um intelectual! Deve ser uma figura importantíssima! O Rei precisa saber disso! Eis por que vim correndo trazer a notícia!

— Mas de onde ele veio? — quis saber a garça — E como foi que a senhora ficou sabendo disso?

— Ah! — exclamou a seriema — Ele deve ter ouvido falar de mim, de minha admiração pela cultura. Hoje cedo, logo que acordei, eu o vi pousado no galho mais baixo de meu pé de araçá. E ele logo me cumprimentou em latim.

— Em latim? — admirou-se a saracura — E como é que a senhora sabe que era latim? A senhora entende latim?

— Não exatamente! — admitiu a seriema — Mas o que ele falou não é difícil de entender.

— É mesmo? — perguntou a garça — E o que foi que ele disse?

— Ele disse: *Ave, Seriema!*

— Só isso? Mas todos sabem que a senhora é uma ave! Sabem também que é da família das seriemas! Portanto, dizer "Ave, Seriema" não significa nada!

— Não! — protestou a seriema — O "Ave" que ele disse quer dizer alô, bom dia, salve, sei lá o que mais! E depois ele acrescentou uma frase que não deixou margem a dúvidas.

— É mesmo? — perguntou novamente a garça, que ainda estava um tanto descrente — E que frase foi essa?

— Ele disse bem alto: *Papagaius palratum latinus*! E isso, a meu ver, quer dizer que ele é um papagaio que fala latim — arrematou a seriema.

— É! — admitiu a garça — Isso até eu entendo. Nesse caso trata-se realmente de um intelectual, um bicho muito sábio. Convém trazê-lo para o Jatobá.

Pode ser de grande valor para o nosso Reino. Onde está ele agora?

— Lamento dizer que não sei, Dona Garça. Mas acredito que não deve ser difícil encontrá-lo.

A garça pensou um pouco e chamou a araponga.

— Dona Araponga, chame o Senhor Tico-Tico, por favor.

— Sim, Excelência!

E a araponga saiu correndo, enquanto a garça continuava.

— Vou pedir ao Senhor Tico-Tico que procure pelo papagaio e o faça vir até aqui. E a senhora, Dona Seriema, não se vá ainda. Pode ser que precisemos de seus serviços. Ah! aí está o Senhor Jabuti!

— E o Senhor Cateto — emendou a saracura.

— Falando de nós? — perguntou o Senhor Cateto — O que temos pra comer?

— Mas você só pensa em comida! — protestou o jabuti — Ainda nem chegou e já quer comer!

Nisso, Dona Cobra, que vinha logo atrás, observou com ar de riso:

— Ora, Senhor Jabuti! Olhe bem para o Senhor Cateto e veja o tamanho de sua barriga. É natural que ele tenha que comer bastante para poder enchê-la!

— Vão chegando! — convidou a garça — E conversem aí com Dona Seriema. Ela traz novidades muito importantes.

O Senhor Tico-Tico entrou voando e pousou pertinho de Dona Garça.

— Mandou me chamar, Excelência?

— Mandei. Quero que o Senhor procure um papagaio aí pela mata.

— Passei por cinco papagaios agora mesmo, Excelência!

— Calma! — pediu a garça — Não se trata de um papagaio comum. É um especial que fala latim.

— Latim? — admirou-se o tico-tico — E o que é isso?

— Latim é um idioma antigo — informou a garça. — O senhor nunca ouviu falar?

— Não! — garantiu o tico-tico — Nem sei como é que é!

— É fácil! — afirmou a saracura — É uma língua cheia de us e oruns. Assim ó: *latinus, latinorum, papagaius, palratum*, e vai por aí afora!

— Isso não vem ao caso! — interrompeu a garça — Quando encontrar esse papagaio, o senhor logo saberá! Ele é diferente e deve ser muito falador. Além do mais, o senhor não entenderá nada do que ele disser, porque a palavras serão em latim.

— Então, quando eu encontrar um papagaio falando palavras estranhas, vou saber que é ele! — concordou o tico-tico — Deixe comigo!

E o tico-tico levantou voo.

— Espere!! — gritou Dona Garça.

O tico-tico voltou.

— Você ainda não sabe o que eu quero! — observou a garça.

— É mesmo! — admitiu o tico-tico — O que é que eu faço quando encontrar o tal papagaio? Bato nele? Expulso ele do nosso Reino?

— E o senhor tem corpo pra isso? — perguntou a saracura — Camarada mais folgado! Metido a valente!

A garça deu uma risada.

— Nada disso, Senhor Tico-Tico! Trate o papagaio com respeito, pois ele é um intelectual! Traga-o até aqui! Convide-o delicadamente. Diga-lhe que nós, conselheiras do Reino, queremos conversar com ele. Agora vá! Ah! mais uma coisa: ele foi visto pela manhã lá no bosque de Dona Seriema. Convém começar as buscas por lá!

O tico-tico não esperou mais nada e partiu como um raio.

— Agora só nos resta aguardar — observou a garça. — Eu espero que ele não tenha partido pra outra mata.

A seriema já tinha contado aos outros a novidade e, aos poucos, a clareira se enchia de bichos que queriam saber o que estava acontecendo. O Senhor Jacaré, que era pouco instruído, foi logo perguntando com sua enorme bocarra:

— Cadê o papagaio? Quero "ouvi ele falá"!

— E eu! — emendou a sucuri toda melosa — Também gostaria muito, muito mesmo, de abraçá-lo!

— Você está é maluca! — advertiu a saracura — Não me venha com essas ideias! Quem é que quer abraço de sucuri?

— Deixe ela comigo! — gritou o camundongo com os olhinhos em brasa — Dou-lhe uns tabefes já já! Ninguém vai fazer mal ao nosso sábio papagaio; pelo menos perto de mim!

— Calma, Senhor Camundongo! — recomendou a garça — Não fique nervoso e, por favor, não saia por aí batendo em todos! Isso é muito feio!

O camundongo estufou o peito e tremeu os bigodes:

— Comigo ninguém tira farinha! Mexeu com amigo meu, mexeu comigo!

Dona Cobra deu uma risadinha de pouco caso.

— Mas, justamente, você ainda nem conhece o papagaio! — notou ela.

— Mas, já o considero meu amigo — declarou o camundongo. — Acho bom que todos o respeitem, ou vão se ver comigo!

E os bichos se puseram a conversar a respeito do papagaio. Alguns já tinham ouvido falar, outros ainda não, mas todos eram unânimes em afirmar que ele devia ser uma figura importantíssima, um grande intelectual. Afinal de contas, ele falava latim!

A tarde já ia avançada, quando o tico-tico chegou acompanhado do gambá e do quati. Com eles, vinha o já tão esperado papagaio. Logo que chegaram à clareira, este não esperou apresentação e foi cumprimentando:

— *Ave, amicus silvestris. Hum! Avis Rara! Singularis Porcus! Ofídius Compridus! Psitacius Coloridus! Crocodilus Bocudus! Falco Sanguinarius! Hum! Hum! Carpe diem! Carpe diem! Tempus fugit!*

Ouviu-se um "ohhhh!" de admiração e os bichos todos ficaram de boca aberta, até que Dona Garça tomou a iniciativa.

— Seja muito bem-vindo, Senhor Papagaio! Nós queremos...

— *Papagaius Palratum Latinus*! — interrompeu o papagaio.

A garça ficou desconcertada, assim meio sem graça.

— Perdoe-me!

— O nome dele é Palratum Latinus — informou o quati todo orgulhoso.

— *Latinus de latinorum*! — completou o papagaio.

— Mais uma vez me perdoe, Senhor Palratum Latinus. O nosso Rei está ausente, mas eu estou encarregada de cuidar dos negócios do Reino enquanto ele não volta. O senhor é nosso convidado e eu lhe peço que fique aqui conosco. Tenho certeza de que o nosso Rei terá imenso prazer em conhecê-lo. Aceita nosso convite?

— *Convite de convitorum! Panem et circenses*!

Novamente se ouviu um "ohhh!" de admiração.

— Ele aceita! — gritou o cateto na maior alegria — Ele aceita!

— Mas impõe uma condição — informou o tucano muito sério.

Todos se voltaram para o tucano e Dona Garça pediu explicações.

— Que quer dizer com isso, Senhor Tucano? Como é que o senhor sabe?

O tucano alisou as penas da asa esquerda, estufou o peito e encarou fixamente a garça.

— Eu entendo latim, Dona Garça!

— Ohhhh!!! — Os bichos todos começaram a falar ao mesmo tempo e logo ninguém mais se entendia.

— Silêncio!!! — ordenou a garça — Silêncio!!

Todos se calaram e olharam para o tucano. Este era uma figura imponente, com seu corpo coberto de penas pretas, azuis, vermelhas, ouro e verde. O pescoço era curto, possante, e o bico, de tamanho monumental, alaranjado. Os olhos do tucano eram como duas pedras preciosas de tanto que brilhavam.

— O senhor sabe falar latim, Senhor Tucano? — perguntou a garça.

— Não! Eu não disse que sabia falar! Eu disse que entendia! É diferente! Eu não consigo pronunciar as palavras, mas entendo tudo o que o nosso convidado diz.

— Formidável! — disse a saracura, entusiasmada — Assim podemos nos comunicar com o papagaio! Basta apenas que o Senhor Tucano nos sirva de intérprete.

— De fato! — concordou a garça — Agora podemos conversar normalmente. O Senhor Tucano faz a tradução para nós.

— Há apenas um pequeno detalhe, Dona Garça! — informou o tucano — Eu tenho negócios a tratar longe daqui e não posso ficar. Lamento, mas tenho tanto a perder...

— Que é isso, Senhor Tucano? — protestou a garça — O senhor não pode simplesmente partir e nos deixar na mão!

— Tenho meus interesses, Dona Garça! Meu tempo é precioso!

— Mas os interesses do Reino vêm em primeiro lugar, meu amigo! — lembrou a saracura.

— Não para mim! — teimou o tucano — Os interesses do Reino não enchem o meu papo!

— Não seja por isso! — interrompeu a garça — O senhor é convidado do Jatobá! Fica aqui na clareira e come conosco. E, é claro, o Reino também lhe pagará pelo tempo gasto, de modo que o senhor nada perderá. Pode ficar tranquilo!

— Assim está bem! — concordou o tucano — Eu fico e ajudo no que puder.

— Esse camarada é um espertalhão! — comentou o jabuti no ouvido do gambá. — Agora vai ficar aqui comer e de graça.

— Mas ele entende latim! — lembrou o gambá em voz baixa.

— Será? — perguntou o jabuti — Quem é que garante?

O gambá fez cara de dúvida e acabou concordando, mas resolveu ficar calado e aguardar os acontecimentos.

— O senhor disse que havia uma condição. Que condição é essa, Senhor Tucano? — perguntou a garça.

— Ele aceita o convite, — respondeu o tucano — desde que lhe deem acomodações adequadas e boa alimentação. Também não quer ser explorado, de modo que responderá apenas a umas poucas perguntas de cada vez. Quer também muito respeito; não admite contrariedades.

— Tudo isso? — admirou-se a saracura — Ele só falou meia dúzia de palavras e disse isso tudo?

— Se não acredita, pergunte a ele! — ofendeu-se o tucano.

— Pergunto mesmo! — teimou a saracura — Senhor Palratum Latinus, o senhor impôs mesmo essas condições? É verdade o que disse o Senhor Tucano?

O papagaio começou a balançar o corpo de um lado para o outro e berrou com os olhinhos muito vermelhos:

— *Tucanus de tucanorum! In vino veritas! Audace fortuna! Cogito, ergo sum!*

— Agora vocês o ofenderam! — informou o tucano — Ele está irritadíssimo! Disse que assim não fica aqui e que vocês vão continuar ignorantes como sempre foram. Não admite que duvidem de sua palavra! Peçam desculpas, senão ele vai embora! — recomendou.

— Desculpa! Desculpa! — pediu a garça — Por favor, não vá embora! Ninguém quis ofendê-lo! Nós aceitamos suas condições e o senhor será tratado como um rei!

— *Regis regnatum urbe et orbi! Regis Imperator Mundi*!! — gritou o papagaio com os olhos ainda vermelhos.

— Ele perdoa — falou o tucano. — Mas pede que o alimentem porque está sem comer desde cedo. Aproveitem e tragam comida para mim também; muito palmito, de preferência.

— Claro! Claro! — concordou a garça — E depois vamos todos nos recolher que a noite já se aproxima. Amanhã nós conversaremos.

Dito isso, a garça ordenou que servissem a refeição ao ilustre convidado e seu intérprete. O tucano sorriu dissimuladamente e comeu até se fartar. Depois foram todos dormir.

No dia seguinte, logo cedinho, a clareira já estava cheia de bichos ansiosos para ouvir o papagaio falar latim, de modo que Dona Araponga, a chefe do cerimonial, teve que impor uma certa ordem. Mandou que todos fossem embora e só voltassem ao entardecer, quando o ilustre orador faria uma palestra a fim de transmitir um pouco de seus vastíssimos conhecimentos. De acordo com as instruções do Senhor Tucano, todos deveriam trazer alguma coisa para demonstrar gratidão: sementes comestíveis, raízes, frutos e palmito. Não era pagamento, esclarecia, era apenas um pequeno agrado.

Diante disso, o Senhor Jabuti, que era o Ministro da Defesa, sentiu-se na obrigação de tomar uma atitude. Chamou Dona Cambaxirra para uma conversa reservada e, pouco depois, ela partia zunindo mata adentro; ia em direção ao bosque da seriema, onde tudo começara. O jabuti, por sua vez, encaminhou-se devagarinho para um canto da clareira, onde permaneceria para ouvir a palestra do papagaio.

Quando o sol descambou para o lado do morro das macaúbas, os bichos foram chegando na clareira, entregando os presentes que traziam e se colocando em filas organizadas; todos na mais perfeita ordem, instruídos que foram por Dona Araponga.

Na hora combinada, a araponga anunciou:

— Toin! Toin! Toin! Atenção!! Tenho a honra de apresentar-lhes o Senhor Tucanos Catibiribano Seramaturano de Firififano! Ele vai explicar como será a palestra! Por favor, é preciso silêncio para que todos possam ouvir!

O tucano entrou, empoleirou-se na base do trono do Rei e começou a falar.

— O Senhor Palratum Latinus vai lhes falar e, como naturalmente vocês não entendem latim, eu farei a tradução. Quero que todos fiquem bem quietinhos e prestem muita atenção! Não é sempre que temos a chance de ouvir um intelectual com tantos conhecimentos, com tanta cultura, por isso aproveitem bem esta oportunidade; tão cedo não teremos outra. O nosso ilustre convidado ficará apenas uns poucos dias conosco, uma vez que tem vários compromissos em outro reino, de modo que dará apenas umas poucas palestras. E agora, sem mais delongas, eu lhes apresento o Senhor Palratum Latinus!

E o papagaio entrou voando na clareira e pousou no ponto mais alto do trono de pedra do Rei.

— *Papagaius palratum latinus!* — começou ele — *De cujus enterratum est! In principius mundi girator sinistrus et dextrus, ajudicate palratori bestificatus anima silva!*

O tucano traduziu:

— Ele cumprimenta a todos e diz que se sente honrado em falar para tão distinta plateia. Espera que todos gostem do assunto que passará a expor.

E papagaio continuou:

— *Delenda Cartago! Panem et circencis! Revertere ad locum tum totus tuo et cogito per delgatus legones, ad vocacione di Regis Imperator Mundi. Lupus galináceo parabelum et pilo. Senatorum romanus construto aqueduto maximus et Via Apia. Da plumbus coelho solis sumitum. Luna et stela lux firmamentum!*

O tucano traduziu:

— O valor de cada um de nós se mede pelo saber e pela riqueza que se tem, sendo que os mais pobres devem respeito e admiração aos que lhes são superiores. Cada um tem seu lugar no mundo e é claro que as aves são as preferidas de Deus que lhes deu o céu para voar e poder vigiar todos os outros animais.

Houve um princípio de agitação, mas o papagaio continuou:

— *Musca transitorum plebe urbe! Felinus capidextro in vacum silvestri, quod erat demonstrandum errare humano est. Delenda! Delenda! Tempus fugit! Sursum corda et carpe diem, amicus porcus et porciunculae!*

O tucano não perdeu tempo:

— Desde que isso fique bem entendido, conclui-se que os outros animais nasceram apenas para servir às aves e não há motivo algum que justifique ser o Rei um gato-do-mato. O rei deve ser de preferência um tucano, porque os tucanos são superiores a todas as outras aves.

E tome latim:

— *Felix Onça legislat ordines et bagunçorum! Rudo populi in circus romanus ridere et plaudit magister gladiatori: bravus! Bravus! Bravus! Matronas galica er celta per tristitia culinarium! Per Martius!! Vici pacem, para belum!! Peponari et sicarius jacta lupus da vilorum mortus!*

E tome tradução:

— Mas isso não importa muito, uma vez que a vida é curta e devemos aproveitar o máximo, comendo e brincando muito sem nos preocuparmos com mais nada. Os fracos devem ser ignorados porque são uns incompetentes e, se algum bicho estiver morrendo de fome, deixem que ele morra para servir de exemplo. O mundo deve ser reservado para os fortes, os sabidos, e não para os doentes, para os inúteis.

Os bichos todos se olhavam desconfiados, mas, afinal de contas, o papagaio falava latim e era, sem dúvida alguma, um bicho muito sábio, vivido. Ele devia saber muito bem o que estava falando, se bem que... não era isso que o Rei havia ensinado. Teria razão o papagaio? Se ele estivesse certo, então tudo mais estava errado e eles não precisavam mais se preocupar em atender aos doentes e aos necessitados. Eles que se virassem sozinhos. Toda aquela trabalheira para ajudar os outros era pura bobagem; era uma perda de tempo. Seria mesmo? Mas que mundo ruim esse que o papagaio dizia ser o certo! No entanto, ele era um sábio, um grande intelectual que falava latim e eles eram ignorantes; não podiam duvidar das palavras de um sábio desse porte.

O papagaio coçou a cara com a pata esquerda, andou de um lado para o outro como se estivesse pensando profundamente, depois ergueu a cabeça bem alto e disparou:

— *Pax Romana!! Vulgus licatori per senatum senatorum cogit. Brasica tuberculae terram cavacione da novae urbe. Saturnus in coelum ditare vita nostra; mare nostrum! Si vivamus, vivandi et pluribus mundi. Amicus soldi querarum argentum et aurum! Tempus fugit!!! Delenda Cartago!!!*

E o tucano fez a tradução:

— Ele se despede e deseja a todos uma boa tarde. amanhã estará de volta para falar novamente e pede a vocês que tragam mais palmito, pois o que trouxeram hoje foi muito pouco.

O papagaio voou para o alto do pé de jatobá e sumiu em meio à folhagem, enquanto o tucano voava para dentro de um buraco que havia num grosso tronco de cedro.

Dona Garça estava com um sorriso amarelo na cara.

— Pois é! — disse ela.

— Pois é o quê? — perguntou o jabuti.

— É isso! — declarou ela.

— Isso o quê? — insistiu o jabuti.

— Não sei! — confessou a garça — Foi uma grande palestra, eu acho! Afinal de contas, ele fala latim!

— É verdade! — concordou a saracura — Pena que a gente não entenda.

— Mas o tucano traduziu! — protestou a garça — E muito bem, devo acrescentar!

— Quem garante? — perguntou o jabuti — É, mesmo que ele tenha traduzido direitinho, eu não gostei da palestra. Não foi nada disso que o nosso bom Rei nos ensinou, por isso não concordo com nada do que esse papagaio malvado falou. Vejam se isso é possível! Cada um vivendo apenas para si próprio e esquecendo a caridade, o amor, a misericórdia! Egoísmo puro!!

— Nisso você está certo. — admitiu a garça — Também não concordo! Mas quem sou eu para discordar de quem sabe falar latim? Se ele diz isso, então é verdade!

— Pois eu nem sei o que dizer! — confessou a saracura — Só sei que somos ignorantes e não podemos duvidar de alguém que sabe falar latim. Vocês viram como ele fala bem? É uma fonte de sabedoria! Cada palavra é uma joia! Cada frase, um manancial de verdades! Como duvidar? Como? Além do mais, os bichos todos estão encantados. Ficam mudos e de boca aberta ouvindo-o falar.

— Isso não significa que aprovam o que ele diz! — observou o jabuti — Eles apenas gostam do som das palavras e não do que elas querem dizer.

— Não sei — confessou a garça — Não sei se eles aprovam ou não; se eles acreditam ou não. Só sei que isso tudo pode mudar o nosso modo de vida.

— Será que é pra melhor? — perguntou a saracura — Seja como for, ele me pareceu tão seguro de si, tão firme em seu discurso!

No dia seguinte ao entardecer, os bichos foram chegando novamente para ouvir o ilustre orador que falava latim e, à medida que entravam na clareira, iam entregando as raízes, frutas e legumes que traziam para pagar a entrada. O tucano ficou contente ao ver a quantidade de palmito que se amontoava num canto. Na hora combinada, o papagaio começou a falar:

— *Vulpes albinus raptoria galinaceos et pintus in domus campestres. Dominus in gales per mare nostrum volitant aqua petroleun. Aurus sacratis da toga minimus mulierum et hominis, si parlatorium et clavicularium trancatus sum. Sanctus rictus coturnos cavalorum*!

O tucano se pôs a traduzir:

— Novamente, nosso orador adverte para não nos deixarmos enganar por falsos santos que pregam a caridade, a bondade, a humildade, o amor ao próximo e toda essa idiotice. Cada um deve pensar em viver o melhor possível e os outros que se arrebentem. O nosso progresso, o nosso sucesso na vida depende apenas do nosso esforço pessoal e isso, é claro, exige nossa atenção permanente, sendo desaconselhável que desviemos o nosso rumo e percamos o nosso precioso tempo ajudando os fracassados, os doentes, os que têm problemas, os inúteis que só atrapalham a vida dos outros.

Os bichos começaram a discutir todos ao mesmo tempo e foi preciso pedir silêncio a fim de que o papagaio pudesse continuar. Deu um certo trabalho, mas, por fim, eles se calaram e o orador prosseguiu.

De acordo com a tradução do tucano, o papagaio pregou ostensivamente o egoísmo e o orgulho, afirmando que amor, amizade, bondade, humildade, honestidade etc., não passavam de uma tremenda bobagem. Que a vida era uma só e não podia ser desperdiçada com o que não nos dizia respeito. Cada um que cuidasse de sim e aproveitasse o melhor possível. O Sol já se escondia por trás da mata, quando ele finalizou:

— *Libertae quae sera tamem! Balestrati balestra! Lupinus lupinorum et lupes lupina! Asnus capela in crucis filiun felinatus et sacra templus ostentatus palus aqua putrefata. Hominis ferae gladiati et morituri salutant. Vox Populi vox Dei!*

O tucano se mostrava um tanto cansado, mas traduziu:

— Para terminar, diz que já admira este Reino e está pensando seriamente em fixar residência aqui desde que o Rei permita, evidentemente. Acredita que haverá um cargo para nós no Jatobá, uma vez que a cultura não deve ser desprezada. Mas isso, é claro, ainda depende do Rei. A cada dia que passa, se sente mais feliz na companhia de vocês e espera, sinceramente, poder ficar aqui e fazer parte desta grande família.

Dias depois, após muitas outras palestras do mesmo teor e com o tucano tendo dificuldade em voar por estar muito gordo, o Rei chegou finalmente com sua comitiva. Os bichos todos ficaram contentes em recebê-lo de volta, menos o tucano, que disse estar doente e ficou no buraco do tronco de cedro. Dona Garça e Dona Saracura se apressaram em contar ao Rei acerca do papagaio:

— Tem que ver, Majestade! — informava a garça — É um intelectual! Conhece todos os assuntos e sabe dar bons conselhos. Precisamos mantê-lo aqui conosco para elevar o nível de conhecimentos de todos nós.

O Rei pensou um pouco e deu um sorriso:

— Chegue aqui pertinho de mim, Dona Coruja — pediu ele. — E a senhora Dona Garça, por favor, mande buscar nosso ilustre convidado. Quero ouvi-lo falar.

— Pois não, Majestade!

E a garça foi cumprir a ordem do Rei. Pouco depois chegava o papagaio.

— *Ave, Regis Felinus Silvestris! Papagaius palratum latinus!*

— É mesmo? — perguntou o Rei — Fale-nos a seu respeito, Senhor Papagaio. De onde veio, que faz, que pretende em nosso Reino, etc. etc. etc.

O papagaio piscou os olhinhos e, entortando a cabeça para o lado, declarou:

— *Anima mundi putrefata et locus delonga! Alea jacta est in pilo sanguinarium per pumbleo circus. Demonstratum bis repetita da via lactorum in aquae santissimi. Pater et mater magister filiorum.*

A coruja deu uma gargalhada e os bichos todos ficaram espantados.

— De que está rindo, Dona Coruja? — perguntou a saracura.

— Ela está rindo da piada — informou o Rei. — O Senhor Papagaio contou uma piada. Então vocês não entenderam?

— É que nós não entendemos latim. — declarou a garça.

— Ora! se vocês não entendem, por que ficaram tão entusiasmados com as palavras do papagaio? Por que acham que ele é um sábio, um intelectual?

— Qualquer um que fale latim deve ser muito sabido.

— Mas quem garante que ele realmente fala latim? — tornou a perguntar o Rei.

— O Senhor Tucano, Majestade! Ele entende latim. Eu vou chamá-lo!

— O tucano foi embora, Dona Garça! — informou o tico-tico — eu vi quando ele saiu voando em direção à Mata do Cipó-Gordo! Parece que ia bem apressado.

— Não se incomode, Dona Garça. — recomendou o Rei — Parece que vocês foram enganados, mas a culpa é de vocês mesmos.

— Nossa, Majestade! Mas, por quê? — perguntou a saracura.

Nisso, o jabuti, que acabara de chegar, pediu licença.

— Com licença, Majestade? Posso falar?

— Claro, meu amigo! — autorizou o Rei — Fale à vontade.

O jabuti pigarreou para limpar a garganta e depois tomou fôlego.

— É que eu estava muito desconfiado, Majestade, e pedi que Dona Cambaxirra investigasse um pouco acerca desse papagaio misterioso.

— E daí? — quis saber o Rei — Que foi que o senhor descobriu?

— Dona Cambaxirra acaba justamente de chegar, Majestade. Ela diz que nós fomos enganados sim, mas não pelo papagaio e sim pelo tucano.

— Isso eu já sabia! — declarou a coruja.

— Sabia como? — admirou-se o jabuti — Dona Cambaxirra só chegou agora há pouco!

— Deixe para lá, Dona Coruja! — pediu o Rei — Continue, Senhor Jabuti.

— O papagaio não faz isso por mal — garantiu o jabuti. — É que ele é um papagaio doméstico, criado desde filhote na casa de um homem, um professor. Ocorre que, nos últimos anos, esse homem ficou ruim das ideias e passava o tempo todo discursando em latim. Ora! o papagaio vivia empoleirado no ombro dele e repetia tudo o que ele dizia, até que, há alguns meses, o homem teve de ser internado na capital e, é claro, o papagaio não pôde acompanhá-lo e ficou perdido por aí sem rumo certo, vindo parar aqui no nosso Reino. Como ele não sabe falar a língua dos bichos, fala apenas latim.

— É — admitiu a coruja —, só que a história é muito mais triste, meu amigo. Esse homem, esse professor que você falou, não sabia falar latim. Ele só falava bobagem, repetia ditos latinos, frases feitas, frases inventadas que soavam igual a latim. Na verdade, como ele estava ruim das ideias, julgava-se um senador romano discursando no Senado. Seu discurso era inflamado e ele passava horas inventando frases que soavam nos seus ouvidos como o mais puro latim. Agora, meu amigo, nós é que vamos ter que tomar conta desse papagaio até ele aprender a falar como qualquer um de nós.

— Quer dizer que ele não fala nada — perguntou a garça, muito espantada —, nem mesmo latim?

— Nada! — garantiu a coruja — Muito menos latim! Eu estudei latim, minha amiga, e posso afirmar que ele não sabe nem pedir água. Repete apenas o que estava acostumado a ouvir.

— E a piada? — perguntou a saracura — A senhora riu da piada.

— E vou continuar rindo — afirmou a coruja. — E sabe por quê? Porque a piada são vocês! Vocês é que fizeram o papel de bobos dando ouvidos ao espertalhão do tucano.

O rei Gato-do-Mato levantou a pata e todos ficaram quietos.

— Aproveitem a lição! — recomendou ele — Sempre que vocês não entenderem alguma coisa, esperem, aguardem, investiguem como fez o Senhor Jabuti, até que possam compreender o que se passa. Quando alguém fica falando muito, criticando, dando sugestões, opinando e dando a entender que é muito sabido, muito inteligente, desconfiem; principalmente se ensina coisas erradas. Vocês já deviam ter-se convencido de que a vida só vale pelo que fazemos de bom. Temos que amar o próximo do mesmo modo que Deus nos ama e ajudar a todos que precisem de ajuda. É nosso dever amparar os fracos, alimentar os famintos, curar os doentes, consolar os aflitos, aconselhar os que estão indecisos, ouvir as queixas com boa vontade e, enfim, procurar tornar os outros um pouco mais felizes. Nada do que o tucano falou corresponde à verdade. Seu modo de pensar é egoísta e não traz nenhuma alegria sequer para ele mesmo. Se vocês gostam de ouvir discursos, vamos pedir ao nosso nobre Dom Tatu, o Justo, que dê uma palestra aqui no Jatobá. Vamos ouvi-lo! Seguramente, ele tem muito mais a dizer do que aquele tucano malvado e nós podemos aprender coisas mais úteis do que as bobagens que ele disse a vocês.

— Estamos muito envergonhados, Majestade! — declarou o jabuti — Falhei na defesa do Reino.

— Calma, Senhor Jabuti! — recomendou o Rei — O senhor não falhou! Não houve falha alguma da parte de ninguém. Vocês foram apenas simplórios e acreditaram nas palavras do tucano. Mas fique certo de que quem é realmente sábio, não dá maus conselhos, e os conselhos que ele deu... Francamente!

— Majestade! Majestade! — era o Senhor Tamanduá, que chegava correndo.

— Que é isso, Senhor Tamanduá? — perguntou o Rei — Que afobação é essa? Quer se explicar, fazendo o favor!

O tamanduá respirou fundo:

— É a arara, Majestade! A arara!

— Mas que arara é essa, meu amigo?

— Uma arara muito sábia, Majestade! Deve ser uma grande intelectual! Eu acho que devemos recebê-la com todo o respeito!

— Mas eu continuo sem entender que arara é essa, Senhor Tamanduá! Por que o senhor acha que ela é uma grande intelectual?

— Só pode ser, Majestade! Ela fala inglês!!

— Para, Senhor Tamanduá! Para! — gritou a garça com os olhos fuzilando — Pode parar por aí! Vamos começar tudo outra vez? Eu não estou disposta! Perdoe-me, Majestade, mas eu realmente não quero repetir a dose! Uma vez já foi o bastante!

— Concordo plenamente! — apoiou o Rei com um gesto de desânimo — Concordo plenamente!

O jabuti caiu na gargalhada. Riu tanto que tombou de costas, ficou de patas para o ar sem poder se levantar e, de acordo com as últimas informações, só se levantou depois de muita ajuda, mas ainda não conseguiu parar de rir; está rindo até hoje.

Acabou
(*de acabadorum*)

55

Para pensar

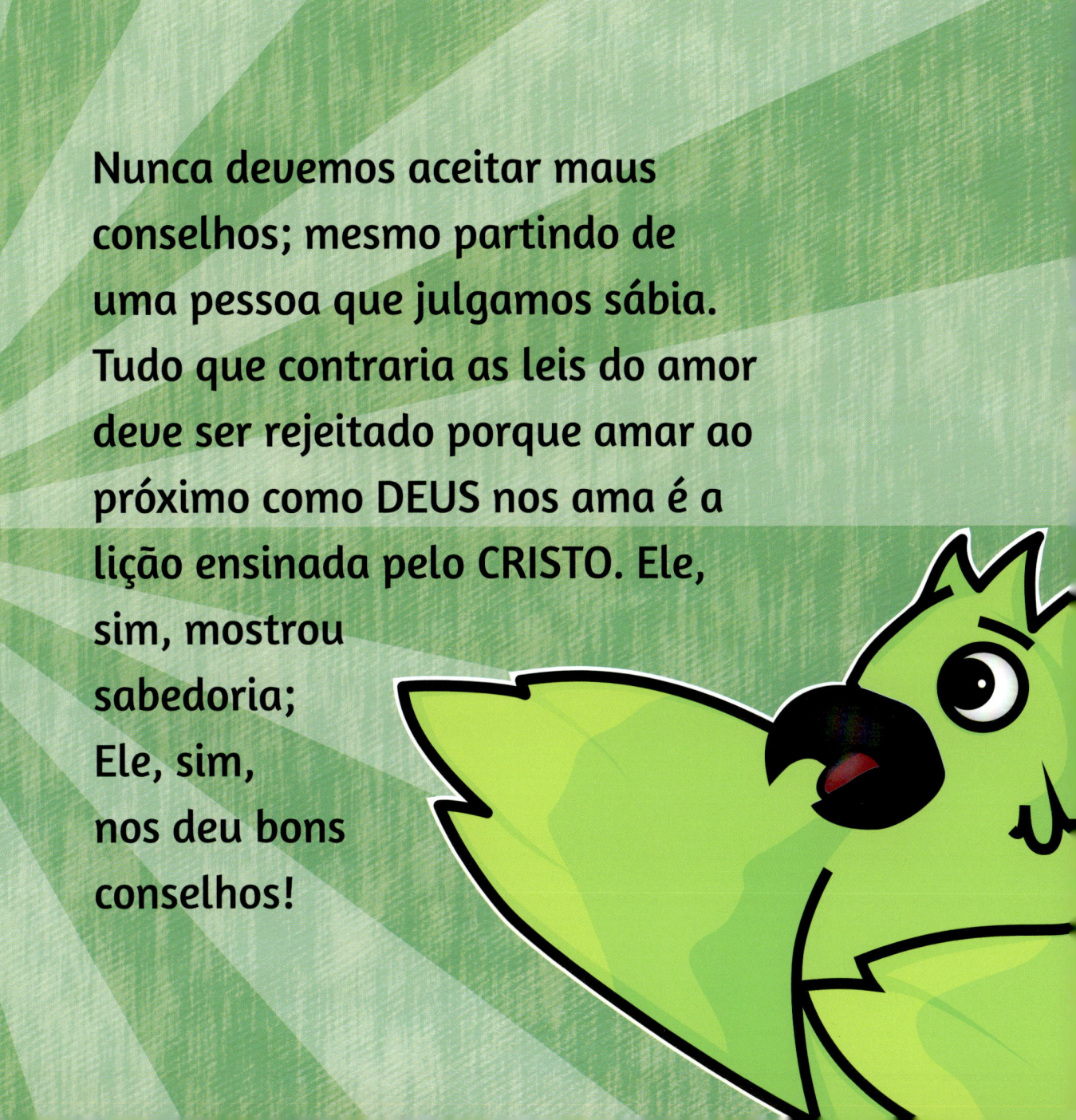

Nunca devemos aceitar maus conselhos; mesmo partindo de uma pessoa que julgamos sábia. Tudo que contraria as leis do amor deve ser rejeitado porque amar ao próximo como DEUS nos ama é a lição ensinada pelo CRISTO. Ele, sim, mostrou sabedoria; Ele, sim, nos deu bons conselhos!

Mensagem final

Esta historinha termina,

Mas isso não é o final.

Os bichos, DEUS nos ensina,

São como nós, tal e qual.

E vão sempre renascer,

Evoluir, progredir;

Em rumo à luz, ascender,

Nos tempos que hão de vir.

Tieloy

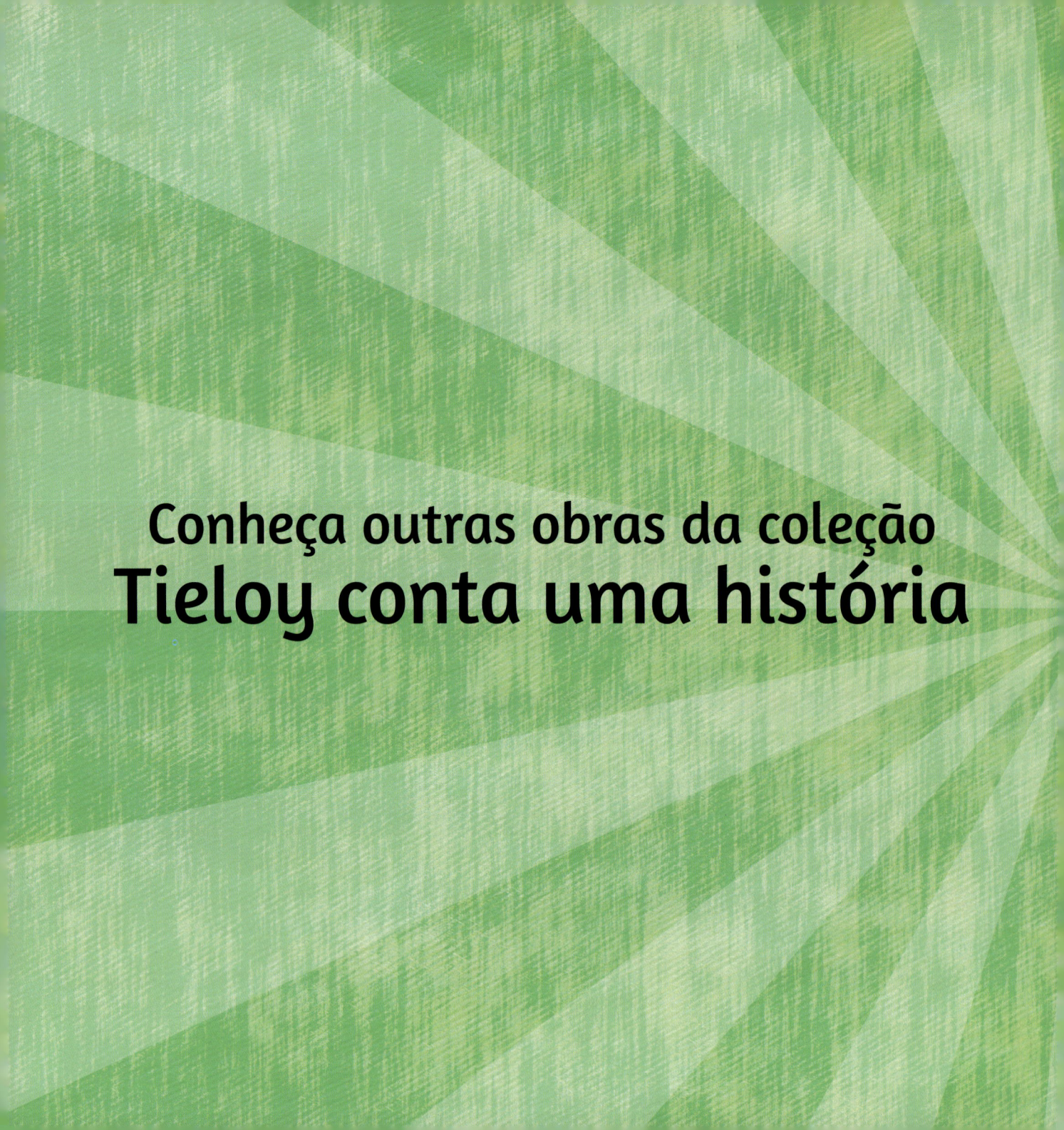

Conheça outras obras da coleção
Tieloy conta uma história

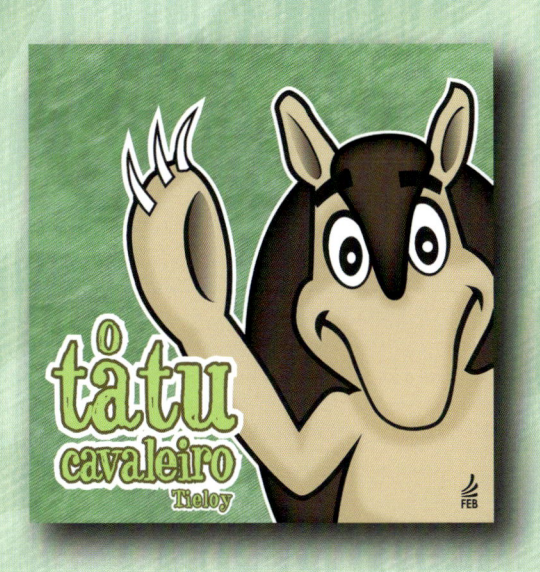

Nesta história, Tieloy relata a trajetória do Senhor Tatu, que pretende tornar-se cavaleiro para lutar contra o mal e a injustiça. Em sua trajetória de aprendiz de herói, Senhor Tatu percorre inicialmente um caminho de prepotência e arrogância, até encontrar personagens solidários, dispostos a ajudá-lo.

Depois de ser repreendido pelo rei Gato-do-Mato e perceber o equívoco de sua postura, Senhor Tatu finalmente dedica-se a praticar o bem, sem esperar recompensas ou reconhecimento.

Nesta obra, as crianças poderão reconhecer a diferença entre sabedoria e esperteza, entre realidade e aparência. Tieloy mostra o perigo de acreditar em tudo o que ouvimos, sem a análise, a compreensão e a confrontação do que foi dito.

Com maestria, o autor levanta questões como o respeito à opinião de indivíduos mais experientes e capacitados. Também aponta a necessidade da vigilância permanente, lembrando que a prudência é nossa grande aliada e conselheira.

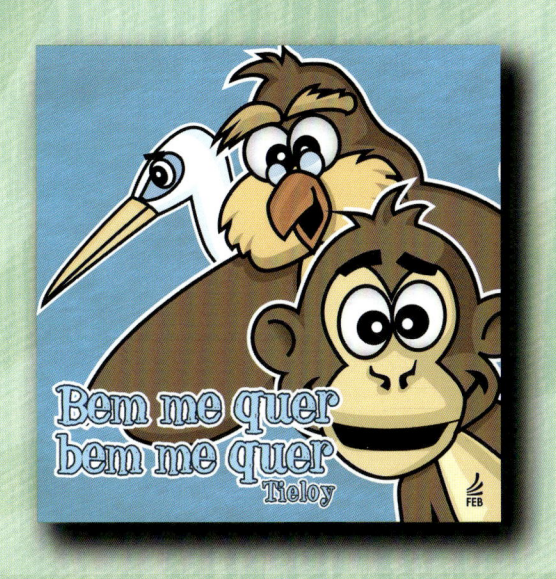

O rei Gato-do-Mato estava decepcionado com o comportamento da bicharada da floresta. Eles insistiam em apontar os defeitos uns dos outros.

Para tentar solucionar esse problema, ele decide reunir todo o seu Conselho.

Através desta interessante história, as crianças vão entender a importância do verdadeiro sentimento de bem-querer, capaz de quebrar "a cadeia de ofensas" e trazer uma disposição espontânea ao comportamento fraternal.

Como funciona?

Utilize o aplicativo QR Code no seu aparelho celular ou *tablet*, posicione o leitor sobre a figura demonstrada acima, a imagem será captada através da câmera do seu aparelho e serão decodificadas as informações que levarão você para o *site* da Editora.

Conselho Editorial:
Antonio Cesar Perri de Carvalho — Presidente

Coordenação Editorial:
Geraldo Campetti Sobrinho

Produção Editorial:
Fernando Cesar Quaglia
Rosiane Dias Rodrigues

Coordenação de Revisão:
Davi Miranda

Revisão:
Rosiane Dias Rodrigues

Capa:
João Guilherme Andery Tayer

Projeto Gráfico:
João Guilherme Andery Tayer

Diagramação:
Luisa Jannuzzi Fonseca

Ilustrações:
Andréia Hecksher

Normalização Técnica:
Biblioteca de Obras Raras e Patrimônio do Livro

Esta edição foi impressa pela Edelbra Gráfica Ltda., Erechim, RS., com uma tiragem de 3 mil exemplares, todos em formato fechado de 210x210 mm. Os papéis utilizados foram o Couché Brilho 115 g/m2 para o miolo e o cartão Supremo 250 g/m2 para a capa. O texto principal foi composto em fonte Amaranth 16/23.